8
LN27
41127

TITRES SCIENTIFIQUES
DU
Docteur **BOISSARD**

EXPOSÉ
DES
TITRES SCIENTIFIQUES

DU

Docteur BOISSARD

PARIS

ASSELIN et HOUZEAU

LIBRAIRES DE LA FACULTÉ DE MÉDECINE

Place de l'École de Médecine

—

1892

TITRES SCIENTIFIQUES

Interne des hôpitaux de Paris, 1880.

Docteur en médecine, Lauréat de la Faculté (Médaille d'argent), 1884.

Chef de clinique d'accouchements, 1890.

Accoucheur des hôpitaux, 1891.

ENSEIGNEMENT

Cours libre d'accouchement à l'Association générale des étudiants, 1890-91.

TRAVAUX SCIENTIFIQUES

En exposant nos travaux scientifiques, nous tenons à dire tout d'abord que nos recherches ont surtout porté sur des faits particuliers qui nous ont paru intéressants à recueillir et à publier au fur et à mesure que nous les rencontrions.

N'ayant pas l'expérience suffisante pour traiter dans son ensemble un sujet de pathologie ou d'obstétrique, nous avons cru faire œuvre plus utile en cherchant à éclaircir quelques points nouveaux ou envisagés différemment par les auteurs qui avaient traité antérieurement ces mêmes questions.

Passant rapidement sur un certain nombre de faits médicaux, nous présenterons, avec quelques détails, une analyse de nos travaux d'obstétrique.

En 1879, mon maître, le professeur Peter, poursuivant ses études sur les températures morbides locales, voulut bien nous associer à ses recherches ; nous rapporterons deux observations qui figurent du reste dans ses cliniques ; il s'agit de deux cas d'hémoptysie survenue chez des femmes ; chez l'une, l'hémoptysie était une des formes de règles supplémentaires, chez l'autre, elle était une manifestation d'accidents gravido-cardiaques survenus au sixième mois de la grossesse ; or, chez la première femme, la température locale prise dans le deuxième espace inter-costal était normale, c'est-à-dire de 35°8 tandis que chez la seconde, où il y avait fluxions hypérémie pulmonaire, la température locale prise dans les mêmes conditions, marquait 38°6 ; on avait donc par l'examen comparatif des résultats fournis par la température locale un signe d'une réelle importance ; de plus, chez la première malade, on pouvait se demander si l'hémoptysie n'annonçait pas une tuberculose pulmonaire au début, car on ne faisait point encore à ce moment de recherches microbiologiques ; les résultats fournis par la thermométrie locale permirent d'établir la nature de cette hémoptysie.

1°
Température locale dans l'hémoptysie.

Des hémoptysies supplémentaires peuvent se montrer dans le cours de la grossesse ; on comprend l'importance de ces recherches puisqu'elles permettent de rejeter l'idée d'une tuberculose au début de la grossesse et autorisent à conseiller l'allaitement.

2°
Kyste hydatique du foie et des reins.

En 1881, nous communiquons à la Société anatomique une observation de kyste hydatique du foie et des reins ; sans insister sur les difficultés du diagnostic qui ne fut nettement établi que par la ponction, nous appelions l'attention sur le rôle joué par trois ponctions successives qui entraînèrent la suppuration du kyste et la mort du malade par septicémie : aujourd'hui, grâce aux belles découvertes microbiologiques, dans un cas analogue, ces fonctions seraient suivies d'injections de liquides antiseptiques et le résultat serait tout différent.

3°
Anasarque et albuminurie.

La même année, nous publions dans la *France médicale* un cas d'anasarque et d'albuminurie à la suite d'une contusion des reins ; cette observation est à rapprocher des faits d'anasarque unilatérale consécutive au traumatisme qui ont été observés et publiés par le docteur Potain ; cette pathogénie d'œdème et d'albuminurie à la suite d'un trauma, pourrait peut-être expliquer quelques faits d'albuminurie survenant dans le cours d'une grosesse.

4°
Urines chyleuses.

Enfin cette même année, nous communiquions à la Société clinique un cas d'urines chyleuses observé à l'hôpital Necker ; cette observation parut en même temps qu'une clinique faite à l'hôpital Laennec, par le regretté docteur Damaschino sur la chylurie ; mais dans son cas, le docteur Damaschino constata dans les urines et le sang de son malade la présence de filaires, tandis que chez notre malade ces recherches faites plusieurs fois le jour et la nuit, furent absolument négatives ; de ce fait, il découle qu'il existe deux affections différentes ; à côté de l'hémato-chylurie, maladie parasitaire et des pays chauds ; il existe simplement des urines qui peuvent être dites chyleuses et qui ne reconnaissent pas comme cause la présence des filoires.

5°
Angine phlegmoneuse Mort par infection.

En 1883, nous rapportons dans la *France médicale* deux cas de pathologie que nous signalerons seulement ; dans le premier, il s'agit d'une angine phlegmoneuse qui aboutissant à un abcès ouvert spontanément à l'hôpital, fut suivi de la production de phlébite suppurée des veines profondes du cou, phlébite qui entraîna la mort du malade par infection purulente en cinq jours ; ce malade n'était ni surmené, ni albuminurique, ni diabétique, ni alcoolique.

Actuellement, en face d'un cas semblable, on se demanderait avec raison si le malade ne s'est pas infecté spontanément en respirant l'air de la salle de l'hôpital ou si la septicémie qui a entraîné la mort n'est pas le résultat d'une affection microbienne dont était atteint le malade qui occupait antérieurement le même lit.

Enfin, dans le second fait, il s'agit de l'apparition de phénomènes pseudo-méningitiques dans l'hystérie ; ce n'est qu'à la suite de l'apparition d'une aphonie à peu près complète, et d'une hemi-anesthésie de tout le côté droit, qu'on peut mettre une étiquette sur la maladie et éliminer la possibilité d'une méningite tuberculeuse.

J'ai hâte d'arriver à l'exposé des recherches qui ont eu pour objet la gynécologie et l'obstétrique.

6°
Hystérie
Pseudo-méningite

En 1883, alors que j'étais interne de la Maternité de Lariboisière, nous avons fait, le docteur Ducasse et moi, des recherches sur l'emploi du bromure d'éthyle pendant l'accouchement ; à cette époque, le bromure d'éthyle venait de faire son apparition et de différents côtés on cherchait à utiliser ses propriétés anesthésiantes ; nos observations ne confirmèrent point les espérances entrevues un moment ; l'anesthésie, ou tout au moins la diminution de la douleur pendant l'accouchement étant certainement une chose désirable, il était naturel de rechercher si les faits annoncés étaient exacts ; nos recherches nous ont permis de conclure que l'action du bromure d'éthyle était nulle quant à l'abolition de la douleur, parfois même préjudiciable.

Nos observations n'ont porté que sur des primipares chez lesquelles l'accouchement était normal ; nous avons donné le bromure d'éthyle en inhalations en faisant respirer 20 à 25 gouttes, au début de chaque contraction utérine ; ces inhalations faites d'une façon intermittente durèrent environ quatre heures ; dans aucun cas, la douleur n'a été abolie, ou n'a paru diminuée ; peut-être qu'en poussant l'anesthésie plus loin, nous aurions obtenu quelque résultat, mais par prudence nous ne le fîmes point.

Les résultats de nos recherches, qui ont fait l'objet de la thèse du docteur Ducasse, ont permis de conclure que le bromure d'éthyle donné

7°
Inhalations
de
bromure d'éthyle.

en inhalations prolongeait la durée de l'accouchement, diminuait l'intensité des contractions sans abolir la douleur.

Nos conclusions venaient encore une fois de plus confirmer les recherches du professeur Pinard sur l'action des anesthésiques chez les femmes en travail.

**8°
Troubles de la miction chez la femme.**

La même année, parut un Mémoire sur les troubles de la miction se rattachant aux divers états physiologiques et pathologiques de l'utérus.

Après avoir montré que les symptômes vésicaux chez la femme sont effacés le plus souvent par la prédominance des lésions utérines, il nous a paru que les troubles vésicaux étaient sous la dépendance de quatre facteurs :

1° Les modifications de la vascularisation des organes pelviens.
2° Les modifications dans la situation de l'utérus et de ses annexes.
3° Les états pathologiques de l'utérus.
4° Les agents infectieux.

Pendant la menstruation, en raison des connexions vasculaires entre l'utérus et la vessie, les mictions sont plus fréquentes, parfois douloureuses ; de plus, s'il existe déjà une cystite, chaque période menstruelle produira comme un coup de fouet ; les symptômes acquièrent une intensité plus grande, les urines sont modifiées dans leur constitution ; la recrudescence des symptômes à chaque période menstruelle explique la longue durée de ces affections, les difficultés qu'elles opposent parfois aux agents thérapeutiques, et leur disparition spontanée constatée au moment de la ménopause.

Poursuivant les observations si judicieuses faites antérieurement par le professeur Guyon, nous avons étudié les cystites du début et de la fin de la grossesse; ces cystites sont rares, en général d'intensité moyenne ; peuvent-elles se développer par le fait même de la grossesse pour ne disparaître que dans les jours qui suivent l'accouchement, c'est probable, mais le plus souvent il faut incriminer un cathérisme mal fait, c'est-à-dire sans précautions antiseptiques suffisantes ; comme on peut s'en convaincre en parcourant à l'hôpital Necker, le service du professeur Guyon, l'exploration vésicale n'est plus suivie d'accidents infectieux.

Il ne faut pas, dans la pratique, prendre pour des cystites les épreintes et les envies fréquentes d'uriner que ressentent nombre de femmes enceintes ; l'examen bactériologique permettra de reconnaître la présence d'agents infectieux dans les urines et d'établir le diagnostic sur des données positives.

Parmi les troubles de la miction observés le plus souvent pendant les suites de couches, les plus fréquentes, assurément, sont la rétention d'urine et l'apparition d'une cystite.

La rétention d'urine, très fréquente, est généralement passagère; elle nous a paru être un phénomène d'ordre réflexe et se montrer surtout chez les femmes dont le périnée ou le vagin avait été déchiré.

Il faut bien se garder de se presser de pratiquer le cathétérisme dans les heures qui suivent l'accouchement; actuellement, en face d'une rétention d'urine, le professeur Pinard ne fait sonder les accouchées que vingt-quatre heures après la délivrance, pour ne pas entretenir l'état de paresse vésicale et éviter les cystites.

Lorsqu'il y a rétention d'urine un peu prononcée, le ventre prend une configuration spéciale; il est à deux étages, un étage inférieur formé par le relief de la vessie distendue, et un étage supérieur, formé par le fond de l'utérus, ces deux étages sont séparés par un sillon de séparation.

La rétention d'urine, si elle est très prononcée, peut parfois s'opposer à la sortie du placenta, de caillots contenus dans la cavité utérine ou entretenir une hémorragie en empêchant la rétractilité utérine de se produire complètement.

C'est pourquoi il faudra plutôt pratiquer le cathétérisme pendant le travail ou avant la délivrance, que dans le post-partum.

Quant aux cystites, elles reconnaissent pour ainsi dire toujours une cause toxique ou infectieuse; la sonde joue un rôle prépondérant, pourtant parfois des cystites seront une manifestation de l'infection puerpérale.

Les troubles de la miction de causes mécaniques reconnaissent les différents déplacements de l'utérus; rarement observés dans l'interversion, ils sont la règle dans la rétroversion; l'accident le plus fréquent est la miction par regorgement ou la rétention complète.

Un accident plus rare, est la possibilité de la rupture de la vessie et la production d'une cystite pseudo-membraneuse.

Nous avons rapporté plusieurs faits de ce genre; depuis nos recherches, nous devons signaler celles du docteur Varnier, dans son étude sur la rétroversion de l'utérus gravide, faite avec la collaboration du professeur Pinard.

Nous avons enfin terminé cette étude sur les troubles de la miction qu'on peut observer dans le cours d'une grossesse extra-utérine, ou dans les différents états pathologiques de l'utérus, tels que le cancer, les polypes, la métrite.

De l'ensemble de cette étude, nous avons cru pouvoir tirer cette conclusion que les troubles vésicaux chez la femme étaient le plus souvent du domaine de l'obstétrique ou de la gynécologie.

9º
Forme
de l'excavation
pelvienne.

Nous arrivons maintenant aux recherches que nous avons publiées en 1884 sur la forme de l'excavation pelvienne considérée au point de vue obstétrical.

Pour arriver à éclaircir ce point, nous avons entrepris à l'école pratique une série de recherches ayant pour but de figurer en grandeur naturelle le tracé pelvigraphique de la forme de l'excavation pelvienne chez cinquante femmes.

Comme moyen de recherches, nous nous sommes servi de lames de plomb assez malléables pour pouvoir se mouler sur le contour de l'excavation pelvienne, et en même temps assez résistantes pour conserver le tracé que nous voulions reporter sur le papier; nous avons ainsi obtenu 50 tracés pelvigraphiques remarquables par leur similitude.

Paul Dubois, après Carus, croyait que la ligne centrale qui représente la direction suivie nécessairement par un corps volumineux qui parcourt le bassin pourvu de ses parties molles était presque demi-circulaire; ce sont ces notions que nous avons cherché à contrôler, mais les résultats que nous avons obtenus sont au contraire venus les infirmer.

Si, en effet, on examine nos tracés, on voit que l'excavation pelvienne, constituée par deux parois verticales, à peu près parallèles, n'offre en aucune façon l'aspect d'un canal courbe, mais plutôt une sorte de cavité cylindrique formée au bas par un plan sensiblement perpendiculaire aux deux parois antérieure et postérieure.

Il résulte de là que la ligne axile de l'excavation est une ligne droite dans toute son étendue depuis l'entrée du bassin jusqu'à son fond; la descente du fœtus se fera suivant cette ligne, et sa sortie ne se fera que lorsqu'il aura creusé aux dépens des parties molles un bassin de nouvelle formation; cette ligne de sortie formera un angle droit parfois aigu avec la ligne de descente; la variabilité de cette ligne de sortie sera en rapport avec l'orientation vagino-vulvaire différente suivant les femmes.

— 10 —

Si, dès 1857, Fabbri de Bologne était arrivé à concevoir le bassin de cette même façon, il faut bien reconnaître que c'est à l'école de Lyon que l'on doit les recherches les plus complètes sur ce sujet ; le professeur Sabatier, en effet, dans sa thèse sur la descente de la tête fœtale dans les bassins rétrécis se montre partisan convaincu de la descente en ligne droite ; il n'a fait du reste que vulgariser les idées de son maître, le professeur Fochier, qui a été un des premiers en France à à démontrer la réalité des idées émises par Fabbri.

Ces notions ont une importance pratique considérable ; elles nous expliquent certains cas de dystocie apportée par une configuration spéciale des parties molles, et nous démontrent la supériorité du fonctionnement du forceps du professeur Tarnier ; avec cet instrument, on entraîne directement en bas et en ligne droite la tête fœtale jusque sur le plancher pelvien ; l'aiguille ne fonctionne qu'au moment où commence la sortie de la tête, elle se relève alors, et prend à ce moment une direction perpendiculaire à celle qu'elle occupait primitivement.

En 1890, nous avons publié un mémoire sur le ralentissement de la natalité en France ; ce sujet qui se rattache par tant de côtés aux questions d'économie politique mérite également toute l'attention du médecin ; la discussion qui s'ouvrit à ce moment à l'Académie de médecine est venue nous prouver toute l'importance d'une pareille étude.

10º Ralentissement de la natalité.

La natalité, comparativement aux pays qui nous entourent est au minimum en France. L'excès des naissances sur les décès n'est actuellement que de 2 pour 1000, alors qu'il est de 14 pour la Russie ; malheureusement nous ne croyons guère au relèvement de la natalité en France. Aussi est-ce plutôt en diminuant la mortalité des nouveaux-nés, et en augmentant la durée moyenne de la vie qu'on pourra arriver à atténuer dans une certaine mesure les conséquences funestes d'un pareil état de choses.

Nous citerons encore deux articles parus en 1890 dans la *France médicale*, l'un sur les *déchirures centrales du périnée*, l'autre sur les moyens les plus efficaces pour *provoquer l'accouchement prématuré artificiel*.

11º État de la menstruation pendant l'allaitement.

Enfin en 1891, nous avons publié un recueil de notes et observations cliniques ; dans la première partie, faisant une étude sur l'état de la menstruation pendant l'allaitement, nous arrivons à démontrer cliniquement et chiffres en mains que la menstruation chez les primipares qui allaitent se rétablit beaucoup plus souvent et beaucoup plus tôt qu'on ne le croit généralement; c'est ainsi que sur 15 accouchées, nous avons trouvé :

4 femmes n'ayant jamais leurs règles pendant les six premiers mois de l'allaitement ;

4 femmes ayant leurs règles irrégulièrement ;

7 femmes ayant leurs règles régulièrement.

C'est-à-dire que, dans près de la moitié des cas, les femmes ont été régulièrement réglées à une époque variable des six mois qui ont suivi l'accouchement ; ce sont surtout les primipares qui voient leurs règles réapparaître dans les six mois qui suivent l'accouchement. Les primipares réglées ne sont pas de mauvaises nourrices, mais en raison d'une double dépense occasionnée par le double fonctionnement des ovaires et des glandes mammaires, elles se voient obligées assez rapidement soit de renoncer à l'allaitement, soit de recourir à l'allaitement mixte.

12° Enfoncement du crâne du fœtus.

Dans la deuxième partie de ce Mémoire, nous montrons le mécanisme et le mode de production des enfoncements du crâne du fœtus qui peuvent suivre certains accouchements spontanés ou terminés par le forceps ; en dehors des enfoncements opératoires, il existe des enfoncements produits par la saillie des pièces du sacrum ; ces enfoncements s'accompagnent toujours de fissures ou de fractures qui peuvent ne porter que sur la table externe des os ; leur siège, en raison du mode de production est constant ; leur fréquence est en rapport avec la résistance, l'élasticité et la réduction des os du crâne fœtal.

A la suite de ces enfoncements, quel va être le sort de l'enfant

On peut observer :

1° La survie de l'enfant avec ou sans disparition de l'enfoncement.

2° La mort de l'enfant dans les jours qui suivent l'accouchement.

3° La mort immédiate de l'enfant.

La mort immédiate est due à la compression exercée par l'enfoncement sur l'écorce du cerveau ; c'est pour remédier aux effets de cette compression que nous avons proposé et pratiqué une opération spéciale, ayant pour but de procéder au relèvement de la portion enfoncée ; nous rapportons un cas où en face d'un pareil traumatisme, nous avons pratiqué le relèvement de l'enfoncement avec un plein succès pour le fœtus qui pût être ainsi rappelé à la vie, en faisant disparaître la cause de la compression exercée sur le cerveau.

Nous pensons que dans les cas analogues, l'hésitation ne serait plus permise et qu'il faudrait recourir de suite au relèvement des fragments.

www.ingramcontent.com/pod-product-compliance
Lightning Source LLC
Chambersburg PA
CBHW060625050426
42451CB00012B/2433